AF440299

LETTRE D'UN MAIRE

AUX

36,000 MAIRES DE FRANCE

Nommés par l'Election.

1871.

RENNES,

TYPOGRAPHIE OBERTHUR ET FILS, FAUBOURG DE PARIS, 20.

MONSIEUR ET COLLÈGUE,

La situation des Maires sortis de l'élection du 30 avril est radicalement changée.

Nous étions les mandataires du Gouvernement.

Nous sommes aujourd'hui les mandataires du pays.

Cette situation toute différente crée des devoirs nouveaux.

Nous avons le droit et le devoir d'exprimer les sentiments des populations que nous représentons; — nous n'y faillirons pas.

Nous réprouvons ceux qui ont voulu fomenter des troubles, susciter des embarras au Gouvernement, provoquer des assemblées illégales.

Notre but est entièrement différent. Notre concours est acquis aux pouvoirs établis; nous leur soumettons nos vœux dans les formes que les lois autorisent; nous avons attendu pour parler que la résistance criminelle fût domptée.

Comme tous citoyens, les Maires ont incontestablement le droit d'exprimer leurs vues, de dire ce qu'ils jugent utile au bien public.

Quand ils parlent au nom du pays, ils sont les représentants des populations plus fidèlement exacts, plus directement inspirés que personne, car les populations choisissent en toute connaissance et vérité leurs conseils municipaux et les conseils municipaux choisissent avec parfaite connaissance les maires; tandis qu'à d'autres degrés, la même communauté de sentiments ne saurait exister entre le suffrage universel et des mandataires qu'il ne connaît le plus ordinairement pas.

Voilà quelle est la force des Maires. Voilà pourquoi il leur appartient plus qu'à tous autres de rechercher et de signaler à ceux qui gouvernent les besoins du pays.

Depuis un demi-siècle la France s'épuise dans la lutte entre les partis; celui qui paraît le plus fort est à peine au pouvoir que les autres s'unissent pour le renverser.

Combien sommes-nous déchus du rang que nous occupions jadis, et comment pourrions-nous y remonter sans un gouvernement fort, stable et respecté? A-t-on trouvé les moyens de le constituer?

Il faudra bien finir un jour ou l'autre par là.

Eloigner la difficulté n'est pas la résoudre, c'est l'augmenter de toutes les ambitions qui se produisent. Quand on sera resté encore des mois sans rien fonder, la situation ne sera certes point améliorée; elle ne peut qu'être empirée par les événements qui seront survenus.

La question d'organisation s'impose d'une manière inévitable et urgente. A qui de la résoudre, à qui de choisir le gouvernement chargé de réparer nos désastres?

L'Assemblée nationale ; c'est à elle certainement à poser la question, en discuter les bases, en préparer la solution.

Peut-elle seule disposer de nos destinées et les remettre aux mains de qui elle aura choisi? Non. Elle n'a pas reçu ce mandat.

Représentants de mon pays, je ne vous ai pas dit ma volonté à ce sujet. Vous ne la connaissez pas. Vous n'avez pas le droit de m'imposer la vôtre. — Je ne vous ai pas nommés pour cela. Vous êtes sans qualité.

Il y aura appel au suffrage universel : oui, mais le suffrage universel tel qu'on le pratique, est un instrument qui, aux mains des intrigants, donne la note qu'on lui souffle. Suivant l'influence du moment, nous avons vu des plébiscites complétement différents, tout comme les représentants du suffrage universel sont fort différents aujourd'hui de ce qu'ils étaient il y a un an, de ce qu'ils seront dans une autre année.

Veut-on supposer que les 10 millions de Français qui vont déposer un vote puissent judicieusement raisonner et choisir ce qui convient le mieux au pays? puissent justement apprécier le mérite de tel gouvernement, même d'un ministre, même d'un député ? Non, la masse des électeurs ne peut juger ces choses.

Quelques influences se réunissent; — elles peuvent être bonnes, elles peuvent être mauvaises; — des faiseurs interviennent, forment des bureaux, des comités, lancent des courtiers d'élections. Le succès est aux plus habiles ou aux plus audacieux. — Est-ce bien cela?

Voilà pourquoi le suffrage universel, au lieu d'être l'expression sérieuse et vraie des sentiments du pays, dévie et déviera toujours; oscillant tantôt à droite, tantôt à gauche, à la merci des circonstances et des partis, jusqu'à ce qu'il ait trouvé sa direction chez ceux qui sont en possession de sa confiance, non par aventure, mais par sa volonté manifeste et incontestable.

Si une assemblée (fût-elle même constituante) ne peut seule imposer un gouvernement à la France, elle a du moins le droit et le devoir de préparer les bases de nos futures constitutions; elle voudra sans doute proposer au pays et soumettre à sa sanction ce qu'elle aura jugé meilleur, — si tant est qu'elle arrive à un accord sur ce sujet.

Pense-t-on que tous les Français voudront lire les raisons bonnes ou mauvaises développées devant l'Assemblée pour se prononcer en conséquence?

Parmi ceux qui les auront lues, n'y en aura-t-il pas beaucoup à croire que les discours de M. X... ont plutôt pour but d'arriver au Pouvoir, lui et ses amis, que de défendre réellement les intérêts publics? Le pays est devenu fort indifférent à ces discussions, à ces combats d'éloquence qui sont surtout des combats d'ambition. Que lui font effectivement ces luttes de personnes qui troublent et agitent toute la nation pour n'arriver qu'à changer quelques hommes?

Plaidoyers et révolutions de palais, vous n'avez d'importance que dans votre entourage; le pays n'a rien à y gagner et ça lui est bien égal. Laissez-le tranquille; il ne vous demande que cela. Assurez-lui la paix, l'ordre, la stabilité; il se chargera de la richesse et de la grandeur de la France.

Il se désintéresse des élections politiques comme des discussions politiques. Plus on les multipliera, plus la masse s'abstiendra, abandonnant un champ libre à l'intrigue, à ceux qui montent ces sortes d'affaires, à ceux qui, par indifférence ou faiblesse, se laissent pousser au scrutin.

Il est une seule élection que les populations comprennent et discutent, à laquelle elles s'intéressent, quelquefois se passionnent, parce que là seulement chaque électeur sait réellement ce qu'il veut. C'est l'élection municipale. Aussi peut-on affirmer que les conseils municipaux sont la représentation vraie des sentiments du pays.

Il faudrait désespérer du suffrage universel si les populations, choisissant en toute connaissance les hommes qui vivent au milieu d'elles, n'élisaient pas ceux qui sont capables de diriger leurs affaires. Or, ces élus, mêlés eux-mêmes dans une certaine mesure à la vie politique et administrative du pays, ne doivent-ils pas devenir les guides naturels de leurs concitoyens?

Si les conseils municipaux pouvaient discuter les candidats aux conseils généraux, à la représentation nationale que des milliers de gens nomment sans se douter pour qui ils votent; s'ils étaient appelés à prendre une initiative justifiée par leur position à la tête de la commune, leur intervention ferait justice des influences et des intrigues qui faussent le suffrage universel. S'ils pouvaient discuter les plébiscites et présenter leurs votes à leurs concitoyens, ceux-ci sauraient discerner en qui ils peuvent avoir confiance et ne voteraient pas une fois pour l'Empire, une fois pour la Commune, etc., suivant les pressions diverses qu'ils subissent, qui désorganisent la société, corrompent la moralité, et creusent entre les citoyens des divisions qui s'enveniment à chaque élection.

Quand on aura vu que les populations désertent de plus en plus l'urne électorale ; quand il sera bien constaté que les décisions du suffrage universel ne tiennent qu'à un tour de roue de la fortune, quelquefois un tour de gobelets, on cherchera quelle direction naturelle et légitime il peut trouver en lui-même, de façon à ce qu'il s'appartienne réellement, qu'il puisse savoir et dire ce qu'il veut. Pour cela il faudra recourir à ses représentants les plus directs, les plus intimes, les plus vrais : les conseils municipaux.

Les sentiments des masses changent peu ; l'expression de leurs sentiments change parce qu'on la fausse. Le jour où elle se sera manifestée dans toute sa vérité, on pourra fonder quelque chose dessus; et ce qu'on aura ainsi fondé, durera. Mais quand on a escamoté un vote, on n'a pas pour cela l'appui du pays. On reste en présence des adversaires de la veille et des désillusionnés du lendemain, unis pour recommencer la lutte.

L'histoire jugera sévèrement les hommes placés au timon des affaires, qui par imprudence ou par calcul poussent aux révolutions. Si encore ces révolutions apportaient des réformes importantes, la nation trouverait peut-être dans une situation meilleure la compensation des blessures qu'elle a à penser. Mais non, les révolutions se succèdent; les hommes changent; des réformes point; au contraire, les choses empirent.

Dans la situation où se trouve la France, il est évident qu'il faut réduire dans de grandes proportions le budget des dépenses. Les économies sont forcées.

D'autre part, il est incontestable qu'une des plus grandes plaies de notre organisation, c'est l'abus du fonctionnarisme. Il y a là une réforme sociale encore plus nécessaire et d'une plus haute portée que la réforme financière.

Les gouvernements n'aiment pas, paraît-il, être entourés d'hommes libres. Ils ne voudraient que des gens à leur merci. Ils veulent s'assurer des dévouements quand même et croient y arriver en multipliant les fonctionnaires de tous grades.

Et alors nous sommes arrivés à cette épidémie qui a envahi toute la France; les plus hautes comme les plus humbles familles, dans les villes comme dans les campagnes, tout le monde veut émarger au budget. Il semble qu'il ne soit plus possible de devenir quelque chose par soi-même, par son travail; on attend tout de l'Etat; on songe à se pousser à un petit emploi; on prépare au moins ses enfants pour qu'ils puissent y arriver. Chacun ne cherche qu'à se vendre; esclave du gouvernement s'il vous favorise, ennemi acharné s'il ne vous accueille pas. Prêts à changer suivant les circonstances et la chance des révolutions : hier dans les antichambres de l'Empire, aujourd'hui dans l'allée des Réservoirs; les mêmes solliciteurs partout.

Il y avait jadis la vénalité des offices, on a crié bien haut; aujourd'hui c'est la vénalité des hommes. — Nous avons marché.

Et voilà qu'à défaut de valeur personnelle qu'ils n'avaient pas, ou de la considération qui aurait dû résulter de leurs fonctions, on a voulu donner aux fonctionnaires la considération qui résulte de l'argent.

Tous les traitements ont été augmentés; par suite, toutes les administrations, chemins de fer et autres, ont été forcées d'en faire autant, sous peine de perdre tous leurs employés. Et il est arrivé ceci, à Paris surtout, que le petit rentier, le commerçant, le travailleur, usant toute son intelligence, son activité, sa force, sa vie, pour nourrir sa famille, se heurte à chaque pas à des traitements de 30,000 fr. et plus dont les services sont au moins contestables. — Et vous voulez que ces gens-là ne soient pas révolutionnaires !

Les citoyens sont divisés en deux classes : ceux qui sont parvenus et ceux qui veulent arriver. Souvent les premiers ne soutiennent pas le gouvernement, parce que l'homme est insatiable. Toujours les seconds sont prêts à se jeter dans les révolutions, parce qu'ils trouvent que leur tour est venu.

Voilà ce que l'Etat a obtenu en multipliant outre mesure les fonctionnaires, en leur faisant des avantages exorbitants, en montrant au pays qu'on arrivait bien mieux à se faire une position par les sollicitations et l'intrigue que par le travail ou le génie.

N'attirez pas tous les jeunes gens vers les emplois de l'Etat; pour cela, ne leur offrez pas en appât perpétuel ces gros traitements qui miroitent devant leurs yeux. Que les choses soient équilibrées de telle sorte qu'ils puissent réussir aussi bien et mieux par eux-mêmes dans la culture, le commerce, l'industrie, les professions libérales.

On cite quelques exemples de très-grands bénéfices dans l'industrie; tant mieux; s'ils gagnent, c'est qu'ils produisent; ils contribuent à enrichir l'Etat, à enrichir ceux qui les entourent; la société y bénéficie encore plus qu'eux.

Mais si vous mettez au même niveau le producteur et le parasite, ne soyez pas surpris de voir la moralité de la nation abaissée et faussée, le servilisme à la place du travail.

Notre siècle est bien celui de l'argent; c'est à l'Etat qu'il appartient de moraliser le pays, en lui apprenant que les excès de zèle ne se chiffrent plus par des pièces de 5 fr., et que les fonctions publiques, parce qu'elles sont accessibles à tous, fournissent le moyen de vivre honnêtes et considérés, mais point de s'enrichir.

Déblayez les abords; faites cesser la vénalité des fonctionnaires. L'Etat doit être pur; comme au temple de Jérusalem, chassez-en les marchands.

Combien de fonctions gagneraient, pour l'honorabilité de l'emploi et pour l'honorabilité du titulaire, à être gratuites!

Ne trouve-t-on pas des maires ? Existe-t-il des fonctions plus assujétissantes, plus laborieuses, plus lourdes de responsabilité ? Ne trouvait-on pas des députés avant qu'ils fussent payés? Ne trouve-t-on pas encore des conseillers généraux?

Certaines fonctions doivent être rétribuées, mais pour la plupart il suffit qu'elles soient honorifiques; il ne manquera pas de gens prêts à servir leur pays. Nous pourrions emprunter de nombreux exemples à l'Angleterre ou à la grande République américaine.

D'ailleurs, la société ne doit point avoir de membres inutiles, d'êtres qui consomment sans rien produire. Votre capital précédemment acquis vous permet de ne rien faire : soit; il y a quantité de charges publiques que beaucoup ne pourraient pas remplir sans dommage pour leurs affaires; elles vous incombent; nul n'est plus que vous intéressé au maintien de l'ordre. Tout homme dans la société a des devoirs à remplir. La nécessité du travail est le premier.

Qu'est-il résulté de la multiplicité des fonctionnaires? Il leur a fallu se rendre utiles ou paraître utiles, et alors ils ont poussé à faire des réglements, à apporter des entraves à la liberté de chacun; ils ont inventé des formalités, de la paperasserie, l'organisation bureaucratique qui enlace toutes les parties de l'administration, faisant sentir partout le poids de ses exigences et la lenteur de ses mouvements.

Voilà ce que les révolutions n'ont pas modifié, parce qu'il aurait fallu une réforme radicale et spéciale; or, la bureaucratie ne veut pas, et elle a été la plus forte jusqu'à présent. Il faut trancher dans le vif, supprimer aux ministères, aux préfectures, aux diverses administrations les 3/4 des sommes allouées pour les bureaux; ils trouveront alors eux-mêmes le moyen de supprimer les formalités inutiles; ils ne se feront pas adresser tant de pièces qu'on retourne sans les lire.

Le pouvoir quel qu'il soit craint de mécontenter ce géant aux cent bras. Tant que les choses suivaient leur cours ordinaire, on a pu reculer. Aujourd'hui, devant les désastres du pays, ce n'est plus possible. Il faut sabrer les traitements ou écraser le contribuable. L'un ou l'autre. — Les fonctionnaires sont-ils les plus nombreux?

Une réforme radicale est nécessaire pour que l'initiative individuelle puisse redevenir quelque chose et la commune, qui est la première assise de l'édifice public, puisse reprendre un peu de vie.

On sera mal venu aujourd'hui à parler en faveur des communes; cependant, n'est-ce pas la base fondamentale de l'Etat? et pour que l'Etat trouve en elles une force sur laquelle il s'appuie, ne faut-il pas qu'elles aient une existence indépendante et honorable? Nous dirons plus tard ce qui est indispensable pour cela.

Tous les gouvernements ont garotté les communes à qui mieux mieux. Pour quelque décision que ce soit, elles ne peuvent rien par elles-mêmes. S'agit-il de la perception de leurs revenus, de l'entretien de leurs chemins, de l'instruction de leurs enfants, de la police ou des cultes, le maire et le conseil sont sous la main des diverses administrations qui les environnent.

On parle bien de décentraliser; jusqu'alors il n'y a eu que des changements d'attributions. Qu'importe cela au pays? Ce qu'il veut, c'est de pouvoir faire ses affaires; enlevez vos fonctionnaires et rendez-lui sa liberté.

Quoi! vous voulez tenir les citoyens sous votre férule administrative; vous voulez qu'ils ne puissent pas même diriger les affaires de leur localité, s'intéresser dans une mesure quelconque aux affaires publiques, et vous vous étonnez que le jour où vous avez besoin de dévoûment ils ne soient pas empressés à répondre à votre appel. Mais souvenez-vous donc; les gouvernements passés n'ont fait autre chose que de les désintéresser des affaires de l'Etat!

Nous avons pu apprécier les résultats de toutes ces subdivisions : les grandes communes divisées en petites, puis le canton, puis l'arrondissement, puis le département. Le réseau administratif est complet; aussi la France est devenue un corps parfaitement organisé, mais dans lequel il n'y a plus de vie.

Veut-on que le pays reprenne en mains ses destinées?

Que les communes puissent avoir leur autonomie, leur volonté, leur voix dans les affaires publiques.

Laissez à chaque province l'administration de ses intérêts. Là, vous trouverez des gens qui traiteront honnêtement et sérieusement les affaires, parce qu'ils seront sous les yeux et sous l'influence de leurs mandants.

Qu'on ne dise point que c'est détruire l'unité de la France; l'unité ne consiste pas à concentrer sur un seul point la vie de toute une nation; elle sera maintenue et fortifiée dès lors qu'il existera un centre où se réuniront les députés des provinces et d'où émaneront les décisions générales.

Les événements que nous venons de traverser ne prouvent-ils

pas que les provinces ont besoin d'être organisées pour la défense de l'ordre et du pays?

Terminons ici cet exposé déjà long. Inutile de présenter un programme complet. Il suffit, pour le moment, de poser les questions les plus importantes. Plus tard, s'il y a lieu, nous développerons la suite.

Quant à présent, nous proposons à nos collègues de se joindre à nous pour demander à l'Assemblée nationale :

1° Que tous les votes et candidats sur lesquels le suffrage universel aura à se prononcer soient d'abord soumis à la discussion et aux votes des Conseils municipaux;

2° Que le nombre des fonctionnaires soit réduit dans de grandes proportions et aussi le chiffre des gros traitements;

3° Que l'autonomie soit rendue aux administrations communales aussi complète que possible.

Nous engageons les Maires de chaque arrondissement à s'entendre pour désigner cinq d'entre eux qui se réuniraient en commission une fois par semaine au chef-lieu, pour suivre les affaires que leurs collègues leur transmettraient et pour établir un lien entre les communes de l'arrondissement. — Ce sera un commencement........

Nous espérons que ces délégations arriveront à se concerter ensemble, soit par département, soit par province, pour étudier en congrès les questions intéressant la généralité des communes.

Dira-t-on que ces propositions peuvent avoir pour but de favoriser un parti politique? Point. Nous sommes de ceux qui pensent que l'organisation du pays, les réformes nécessaires, la solution des grandes questions sociales doivent passer avant les luttes de parti; d'ailleurs nos efforts n'ont d'autre but que d'assurer la sincérité dans l'expression du sentiment des populations. C'est à elles de dire ce qu'elles veulent.

On dira : « Manifestation des ruraux! » Nous ne pouvons refuser l'épithète — que d'ailleurs l'Assemblée nationale a reçue avant nous. — Ruraux : oui les 36,000 communes de France où les idées de pillage, assassinat, incendie ne sont point érigées en doctrine. Nous nous faisons honneur d'en être et de vouloir opposer à la fédération de l'Internationale la fédération des Ruraux.

Plus qu'un mot : peut-être notre programme ne sera pas réalisé immédiatement;

Son heure ne peut être éloignée.

L'ordre ne peut être solidement établi que par une réorganisation complète, que par des réformes profondes dans les choses et dans les esprits.

Le salut de la France est à ce prix.

Veuillez agréer, Monsieur et Collègue, l'assurance de mes sentiments les plus distingués.

Ch. DE LA TEILLAIS.

Typ. Oberthur et fils, a Rennes.